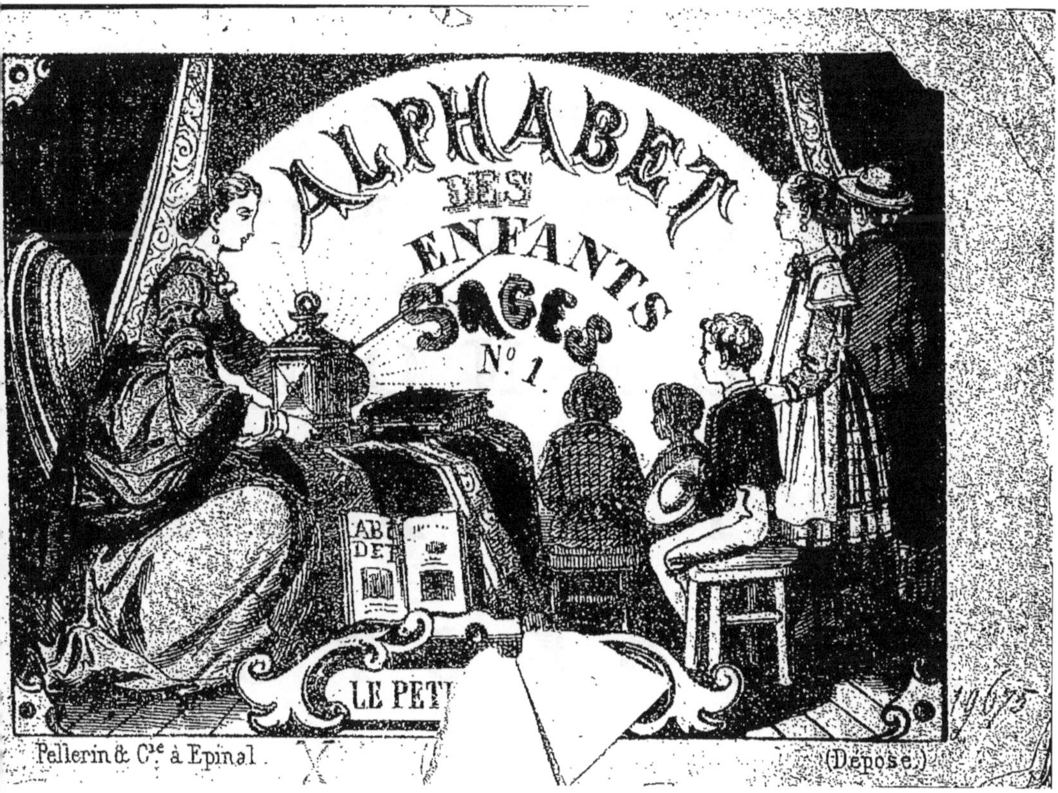

Pellerin & Cie à Epinal (Déposé.)

ALPHABET.

A B C D E F G H I
J K L M N O P Q R
S T U V X Y Z.
1 2 3 4 5 6 7 8 9 0.

ba	be	bi	bo	bu	ma	me	mi	mo	mu
ca	ce	ci	co	cu	na	ne	ni	no	nu
da	de	di	do	du	pa	pe	pi	po	pu
fa	fe	fi	fo	fu	ra	re	ri	ro	ru
ga	ge	gi	go	gu	sa	se	si	so	su
ha	he	hi	ho	hu	ta	te	ti	to	tu
ja	je	ji	jo	ju	va	ve	vi	vo	vu
ka	ke	ki	ko	ku	xa	xe	xi	xo	xu
la	le	li	lo	lu	za	ze	zi	zo	zu

LE PETIT PARESSEUX

voilà M. Alfred qui ne veut pas aller à L'ÉCOLE, Fi, que c'est laid ! La paresse est un des sept **PÉCHÉS CAPITAUX.**

L'ANE
DU MOULIN.

Voilà l'Ane du père MATHURIN qui broute l'herbe sur son chemin. Le braîment est le cri de L'ANE. --- Hi.. Han.. Hi.. Han..

RE-GAR-DEZ UN BON LI-VRE com-me le meil-leur de vos a-mis. LE TRA-VAIL EST LA sour-ce du bon-heur et de la *pros pé ri té*.

VOYEZ MINETTE elle a l'air bien TRANQUILLE. ne vous y fiez pas; elle guette la souris.

pa pa, ma man, rai sin, da da, bou din, jar din, mou ton.

VOICI LE CANARD, M. CANCAN qui barbote dans les mares et les étangs. *Le Canard* est un excellent plongeur.

Le bûcheron et la bûcheronne forment le projet d'égarer leurs enfants.

Le petit Poucet sème des cailloux blancs pour retrouver son chemin.

Le petit Poucet revient chez ses parents avec ses frères.

Le bûcheron égare ses enfants pour la seconde fois.

Le petit Poucet monte sur un arbre et aperçoit une lumière.

Arrivée chez l'Ogre du petit Poucet et de ses frères.

La femme de l'Ogre permet au petit Poucet et à ses frères de se chauffer.

L'Ogre étant à souper, sent le goût de la chair fraîche.

L'Ogre veut égorger le petit Poucet et ses frères.

La femme de l'Ogre porte à manger au petit Poucet et à ses frères.

L'Ogre trompé par les coiffures égorge ses filles pendant la nuit.

Au jour, l'Ogre reconnaît qu'il a tué ses filles.

L'Ogre se met à la poursuite du petit Poucet et de ses frères.

L'Ogre étant endormi, le petit Poucet lui prend ses bottes de sept lieues.

Le petit Poucet va demander à la femme de l'Ogre le trésor de son mari.

Le petit Poucet apporte à ses parents les richesses de l'Ogre.

www.ingramcontent.com/pod-product-compliance
Lightning Source LLC
Chambersburg PA
CBHW060919050426
42453CB00010B/1807